2학년 1학기
급수표

받아쓰기

스쿨존에듀
SCHOOLZONE

2학년 1학기 급수표 받아쓰기

ISBN 979-11-92878-36-2 63710 ‖ **초판 1쇄 펴낸날** 2024년 12월 20일

펴낸이 정혜옥 ‖ **기획** 컨텐츠연구소 수(秀)

표지디자인 twoesdesign.com ‖ **내지디자인** 이지숙

홍보 마케팅 최문섭 ‖ **편집** 연유나, 이은정 ‖ **편집지원** 소노을

펴낸곳 스쿨존에듀 ‖ **출판등록** 2021년 3월 4일 제 2021-000013호

주소 04779 서울시 성동구 뚝섬로 1나길 5(헤이그라운드) 7층

전화 02)929-8153 ‖ **팩스** 02)929-8164 ‖ **E-mail** goodinfobooks@naver.com

블로그 blog.naver.com/schoolzoneok

스마트스토어 smartstore.naver.com/goodinfobooks

■ 스쿨존에듀(스쿨존)는 굿인포메이션의 자회사입니다. ■ 잘못된 책은 본사나 구입하신 서점에서 바꾸어 드립니다.

도서출판 스쿨존에듀(스쿨존)는 교사, 학부모님들의 소중한 의견을 기다립니다. 책 출간에 대한 기획이나 원고가 있으신 분은 이메일 goodinfobooks@naver.com으로 보내주세요.

초등학교 입학 후 첫 도전, 받아쓰기 시험

받아쓰기 급수표! 정답 다 알려주고 치르는 시험이지만 아이도 엄마도 여간 떨리는 게 아닙니다. 첫 시험이니까요. 어떻게 공부하면 받아쓰기 시험에서 만점을 받을 수 있을까요? 점수 자체가 중요해서라기보다 태어나 처음 치르는 학교시험이라는 점에서 높은 점수는 아이의 자존감을 살리고 학교생활에 자신감을 불어넣어 줍니다. 그러니 이왕 치르는 시험, 잘 준비하여 좋은 점수 받으면 좋겠지요? 집에서 조금만 신경을 써 줘도 큰 효과를 볼 수 있습니다.

학교에서 받아쓰기 급수표를 나누어주는 이유가 무엇인지 생각해 보아요. 집에서 연습하고 오라는 뜻입니다. 그렇다면 이 급수표를 어떻게 활용하면 좋을까요? 제대로 익히는 과정 없이 곧바로 불러주면 아이에게 부담줄 수 있으니 단계적으로 연습시켜야 해요. <2-1 급수표 받아쓰기>는 학교에서 나눠주는 '급수표'에 초점을 맞추어 숙련된 엄마표 방식을 덧붙였습니다. 이런 방식으로 시켜 보니 아이도 재밌어하고 받아쓰기 시험도 만만해졌답니다.

교과과정의 시스템을 따라가며 집에서 보완하는 공부가 진정한 엄마표 홈스쿨링의 목표인 만큼 아이들이 적극적으로 참여하도록 재미있는 놀이터와 소리내어 읽기, 따라쓰기를 반복하면서 철자가 자연스럽게 몸에 밸 수 있도록 구성하였습니다.

일러두기

- 2-1 국어 교과서에서 선별했습니다.
- <큰소리로 읽고> <여러 번 쓰고> <연습시험을 보는> 기본 3단 형태
- 학교 선생님들이 주시는 받아쓰기 급수표 참조, 가장 자주 나오는 유형을 모았어요.
- 가장 많이 사용하는 15급 기준! 단원별로 주 1회 받아쓰기를 대비해요.
- 읽기 4번, 쓰기 3번을 권하지만 무리하지는 마세요. 재밌고 쉽게 하는 게 원칙이에요.
- 받아쓰기를 보지 않거나 줄여서 보는 학교도 있어요. 그래도 익혀두면 좋겠지요?
- 칭찬은 많이, 구체적으로! 칭찬은 없던 자신감도 생기게 해요.

맞춤법 공부는 이렇게 해요~ 스르륵스르륵!

"한글 맞춤법은 표준어를 소리 나는 대로 적되, 어법에 맞게 함을 원칙으로 한다." (한글맞춤법 총칙 제1항)

받아쓰기와 맞춤법 공부는 떼놓을 수 없는 단짝이지요. 힘겹게 연필을 쥐고, 더듬더듬 읽고, 자기도 알아볼 수 없는 글자를 쓰는 어린 아이들에게 맞춤법까지 잘하라 하기에는 너무 가혹합니다. 소리와 다른 철자, 아무리 외워도 헷갈리는 띄어쓰기, 요상하게 생긴 문장부호 등은 외우는 데도 한계가 있습니다. 아이들이 틀린다고 나무라지 마세요. 자꾸 반복해 읽고, 보고, 들으며 공부하는 수밖에 없습니다.

우리말에는 소리와 생김새가 같은 말도 있지만, '국어'(구거)처럼 소리와 생김새가 다른 말도 많고, '내' / '네'처럼 소리는 같지만 뜻이 다른 경우들도 많이 있습니다. 아래 표 속의 어휘들이 그런 예입니다. 부모님들이 읽고 설명해 주세요.

【받침이 넘어가서 소리나는 경우】	【서로 닮아가며 소리나는 경우】
꽃이 ➡ 꼬치	공룡 ➡ 공뇽
꽃놀이 ➡ 꼰노리	설날 ➡ 설랄
꽃다발 ➡ 꼳따발	앞마당 ➡ 암마당
악어 ➡ 아거	앞머리 ➡ 암머리
어린이 ➡ 어리니	국물 ➡ 궁물
지갑에 ➡ 지가베	
웃어요 ➡ 우서요	
【받침이 2개인 경우】	【글자와 다르게 소리나는 경우】
많다 ➡ 만타	손등 ➡ 손뜽
맑다 ➡ 막따	눈사람 ➡ 눈싸람
여덟 ➡ 여덜	해돋이 ➡ 해도지
앓다 ➡ 알타	같이 ➡ 가치
밝았다 ➡ 발갇따	묻히다 ➡ 무치다
넓어서 ➡ 널버서	등받이 ➡ 등바지
끓여서 ➡ 끄려서	

아래 표는 소리도 생긴 것도 비슷하지만 다르게 쓰는 사례예요. 어쩔 수 없이 외워야 하죠. 자주 보고 읽다 보면 문장 속에서 어떻게 쓰이는지 자연스럽게 익히게 된답니다. 헷갈리기 쉬운 말, 사이시옷이 들어가는 낱말 등도 계속 읽고 쓰며 반복하다 보면 익혀지니 겁먹지 마세요.

발음이 비슷하지만 뜻은 다른 말	낳다/낫다/낮다 짓다/짖다 짚다/집다 맡다/맞다 섞다/썩다 갖다/같다/갔다
모양이 비슷해서 헷갈리는 말	왠-/웬- 며칠/몇일(×) 알맞은/알맞는(×) 윗-/웃- 없다/업다/엎다
사이시옷이 들어가는 낱말	나뭇잎/냇가/바닷가/노랫말/등굣길/하굣길/빗소리
쉽게 틀리는 낱말	육개장/떡볶이/찌개/희한하다/얘들아/얘기
자주 헷갈리는 낱말	비로소(비로서×)/아무튼(아뭏든×) /덥석(덥썩×)

컨텐츠연구소 수(秀)

자음자, 모음자를 읽으며 바르게 써 보세요.

ㄱ	ㄱ	ㄱ	ㄱ
ㄴ	ㄴ	ㄴ	ㄴ
ㄷ	ㄷ	ㄷ	ㄷ
ㄹ	ㄹ	ㄹ	ㄹ
ㅁ	ㅁ	ㅁ	ㅁ
ㅂ	ㅂ	ㅂ	ㅂ
ㅅ	ㅅ	ㅅ	ㅅ
ㅇ	ㅇ	ㅇ	ㅇ
ㅈ	ㅈ	ㅈ	ㅈ
ㅊ	ㅊ	ㅊ	ㅊ
ㅋ	ㅋ	ㅋ	ㅋ
ㅌ	ㅌ	ㅌ	ㅌ

ㅍ	ㅍ	ㅍ	ㅍ
ㅎ	ㅎ	ㅎ	ㅎ
ㅏ	ㅏ	ㅏ	ㅏ
ㅑ	ㅑ	ㅑ	ㅑ
ㅓ	ㅓ	ㅓ	ㅓ
ㅕ	ㅕ	ㅕ	ㅕ
ㅗ	ㅗ	ㅗ	ㅗ
ㅛ	ㅛ	ㅛ	ㅛ
ㅜ	ㅜ	ㅜ	ㅜ
ㅠ	ㅠ	ㅠ	ㅠ
ㅡ	ㅡ	ㅡ	ㅡ
ㅣ	ㅣ	ㅣ	ㅣ

자음과 모음을 연결해 읽으며 바르게 써 보세요.

	ㅏ	ㅑ	ㅓ	ㅕ	ㅗ	ㅛ	ㅜ	ㅠ	ㅡ	ㅣ
ㄱ	가	갸	거	겨	고	교	구	규	그	기
ㄴ	나	냐	너	녀	노	뇨	누	뉴	느	니
ㄷ	다	댜	더	뎌	도	됴	두	듀	드	디
ㄹ	라	랴	러	려	로	료	루	류	르	리
ㅁ	마	먀	머	며	모	묘	무	뮤	므	미
ㅂ	바	뱌	버	벼	보	뵤	부	뷰	브	비
ㅅ	사	샤	서	셔	소	쇼	수	슈	스	시
ㅇ	아	야	어	여	오	요	우	유	으	이
ㅈ	자	쟈	저	져	조	죠	주	쥬	즈	지
ㅊ	차	챠	처	쳐	초	쵸	추	츄	츠	치
ㅋ	카	캬	커	켜	코	쿄	쿠	큐	크	키
ㅌ	타	탸	터	텨	토	툐	투	튜	트	티
ㅍ	파	퍄	퍼	펴	포	표	푸	퓨	프	피
ㅎ	하	햐	허	혀	호	효	후	휴	흐	히

불러주세요!

2학년 1학기 받아쓰기 급수표

(1급) 1단원 만나서 반가워요!

1. 털이 많아
2. 덮을 정도
3. 껑충껑충 높이 뛰어
4. 음식은 된장찌개
5. 귀 기울여
6. 오빠가 셋이에요.
7. 모험은 즐거웠습니다.
8. 엉덩방아를 찧었습니다.
9. 흠빡 젖고 말았어요.
10. 말할 기회를 얻어요.

(2급) 1단원 만나서 반가워요!

1. 천체 망원경으로 별을
2. 관찰할 거예요.
3. 엉덩이춤을 추었어요.
4. 걸려 넘어지고
5. 낭떠러지 아래
6. 용기를 내 한 발을 뗐어요.
7. 반딧불이를 모아 큰 빛을
8. 환히 비춰 주었거든요.
9. 얇디얇은 비닐
10. 얕보지 마라.

(3급) 2단원 말의 재미가 솔솔

1. 국숫발같이 가늘다고
2. 이슬이 맺힐 만큼
3. 젓가락 둘
4. 가슴이 콩닥콩닥 뛰었다.
5. 아주 시원시원하네!
6. 막힌 데가 없이 활짝 트여
7. 콩깍지는 깐 콩깍지인가,
8. 내가 그린 기린 그림은
9. 속이 후련할 만큼
10. 뭘 해도 마음이 싱숭해

(4급) 3단원 겪은 일을 나타내요

1. 옥수수밭에 갔다.
2. 튼튼한 거북선
3. 꽃이 활짝 피었다.
4. 황새가 날갯짓을 한다.
5. 넓은 하늘로
6. 올록볼록 껍데기 속에
7. 덩굴손이 꼬불꼬불
8. 보랏빛 포도야.
9. 입가에 밥풀처럼 붙는
10. 몇 달 동안 마른

(5급) 3단원 겪은 일을 나타내요

1. 고소한 군밤을 먹었다.
2. 화창하게 맑은
3. 감꽃이 빙글빙글
4. 잘바닥잘바닥하다
5. 송진이 찐득찐득하다.
6. 차곡차곡 담았습니다.
7. 옹달샘에서 퐁퐁 솟아
8. 씨앗은 마치 낙하산
9. 호두는 껍질이 마르면
10. 헬리콥터가 나타났어요!

(6급) 4단원 분위기를 살려 읽어요

1. 깊고 깊은 숲속에선
2. 낙엽을 밟다.
3. 환경 단체들은 해안가에
4. 슬그머니 골목으로
5. 쓰레기를 모아 없애기도
6. 할 몫을 찾아
7. 데굴데굴 길거리에 굴려서는
8. 구석진 응달로 찾아가
9. 민들레꽃을 덮어
10. 해가 흠빡 웃잖아.

(7급) 4단원 분위기를 살려 읽어요

1. 입에서 절로 휘파람이
2. 무척 좋아했다.
3. 이를 닦고 난 뒤에
4. 접시의 사과는 내 몫이야.
5. 일곱 빛 때때옷 곱게
6. 겨우 무릎에 닿았 대
7. 산꼭대기가 뾰족해 앉기가
8. 해거름 안에는
9. 그것이 바로 백록담이야.
10. 차림표에 음식값이 쓰여

(8급) 5단원 마음을 짐작해요

1. 형이 나 대신 혼났어.
2. 시끌벅적한 소리가 들렸어요.
3. 다시 해 보자고 격려해
4. 페달을 힘차게 밟았다.
5. 설레는 마음
6. 조금 낯선 눈치였어요.
7. 발을 맞추며 함께 걸었어요.
8. 앞으로 달려갔어요.
9. 넘어진 나를 네가
10. 갯벌 체험장에 도착했다.

(9급) 5단원 마음을 짐작해요

1. 학용품이 반듯이 놓여 있다.
2. 꽃향기를 맡습니다.
3. 삶은 밤을 까먹기 시작
4. 눈이 휘둥그레져서
5. 입을 비쭉비쭉하다.
6. 폴짝폴짝 뛰었다.
7. 두부 한 모를 사오라고
8. 뜨거운 음식은 식혀서 조심
9. 나눠 주는 게 기뻐요
10. 어린싹이 쏙쏙 올라와요.

(10급) 6단원 자신의 생각을 표현해요

1. 줄넘기는 양손으로
2. 나무뿌리는 땅속에서
3. 거센 바람에도 쉽게
4. 친척들을 만나면
5. 다람쥐와 예쁜 꽃
6. 지구의 친구를 초대
7. 고개를 끄덕였습니다.
8. 별나라에서는 신기한
9. 우애가 깊은 형제
10. 아우는 갑자기 금덩이

(11급) 6단원 자신의 생각을 표현해요

1. 강물 속으로 휙 던져
2. 욕심이 나서 버렸습니다.
3. 까치밥이 몇 개 남아
4. 사는 방식에 따라서
5. 차츰차츰 생김새도
6. 문고리를 따고 문짝을
7. 꺾지를 않나, 베어 버리지를
8. 궤짝 속에 갇힌
9. 곡식을 쪼아 먹어서 부리가
10. 은혜를 어떻게 갚아야

(12급) 7단원 마음을 담아서 말해요

1. 힘내! 잘할 수 있어.
2. 앞을 잘 보고 다녀야지.
3. 괜찮을까?
4. 밝은 햇살이 비쳐
5. 천둥소리가 요란하게 울려
6. 며칠 동안이나 그치지 않고
7. 험상궂게 생긴 데다가
8. 메기는 쉰 목소리로
9. 물살을 일으켜 물장군들을
10. 모두 쫓아 버렸습니다.

(13급) 7단원 마음을 담아서 말해요

1. 작은 빛이 잠깐 잇따라
2. 빌려준 연필
3. 도와주시는 분들께 감사한
4. 네가 자랑스러워.
5. 금메달을 땄다.
6. 열대어 기르기와 관련
7. 물속 환경이 만들어지면
8. 어항 속의 물
9. 유기견 돌봄 봉사 활동
10. 돈을 맡아 안전하게 보관

(14급) 8단원 다양한 작품을 감상해요

1. 팔짱 낀 두 사람
2. 자라를 따라 용궁으로
3. 신발 끈도 못 묶고
4. 나란히 앉아 있었어요.
5. 편지를 한 번도
6. 입을 슬쩍 벌릴 듯하면서
7. 우편함에 넣어 주렴.
8. 친한 달팽이를 만났지요.
9. 나흘 뒤에야
10. 굵고 튼튼하게 꼰 줄.

(15급) 8단원 다양한 작품을 감상해요

1. 잠시 머물거나 떠도는
2. 이 밧줄을 좀 풀어 줘.
3. 소리 질러 봐야 소용없어!
4. 느낌은 짧게 말할수록 좋아.
5. 정말 신기하다.
6. 솜사탕처럼 입에서 살살
7. 목소리가 너무 굵은걸.
8. 웅덩이에서 헤엄치고
9. 근처 연못에 옮겨
10. 냄비 안에 흰밥이 가득하다.

★ 1급 1단원 만나서 반가워요!

1. 털이 많아
2. 덮을 정도
3. 겅중겅중 높이 뛰어
4. 음식은 된장찌개
5. 귀 기울여
6. 오빠가 셋이에요.
7. 모험은 즐거웠습니다.
8. 엉덩방아를 찧었습니다.
9. 함빡 젖고 말았어요.
10. 말할 기회를 얻어요.

읽었어요!

| ① | ② | ③ | ④ |

공부한 날 _____ 월 _____ 일

11

① 털이 많아

털이 많아

② 덮을 정도

덮을 정도

③ 겅중겅중 높이 뛰어

겅중겅중 높이 뛰어

④ 음식은 된장찌개

음식은 된장찌개

⑤ 귀 기울여

귀 기울여

⑥ 오빠가 셋이에요.

오빠가 셋이에요.

⑦ 모험은 즐거웠습니다.

모험은 즐거웠습니다.

⑧ 엉덩방아를 찧었습니다.

엉덩방아를 찧었습니다.

⑨ 함빡 젖고 말았어요.

함빡 젖고 말았어요.

⑩ 말할 기회를 얻어요.

말할 기회를 얻어요.

놀이터

바다 동물의 그림자를 찾아 연결해 보세요.

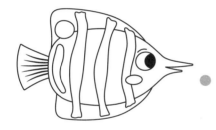

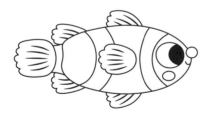

14

불러 주는 문장을 잘 듣고 받아 써 보세요.

번호	받아쓰기
○	
○	
○	
○	
○	
○	
○	
○	
○	
○	
○	
○	
○	

칭찬해 주세요!	
잘했어요	최고예요

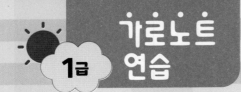

⑩ ⑨ ⑧ ⑦ ⑥ ⑤ ④ ③ ② ①

칭찬해 주세요!

잘했어요 | 훌륭해요 | 최고예요

돌려서 사용해요!

16

★ 2급 1단원 **만나서 반가워요!**

1. 천체 망원경으로 별을
2. 관찰할 거예요.
3. 엉덩이춤을 추었어요.
4. 걸려 넘어지고
5. 낭떠러지 아래
6. 용기를 내 한 발을 뗐어요.
7. 반딧불이를 모아 큰 빛을
8. 환히 비춰주었거든요.
9. 얇디얇은 비닐
10. 얕보지 마라.

읽었어요!

①	②	③	④

공부한 날 _____월 _____일

바른 자세로 하나하나 따라 써 보세요.

① 천체 망원경으로 별을

천체 망원경으로 별을

② 관찰할 거예요.

관찰할 거예요.

③ 엉덩이춤을 추었어요.

엉덩이춤을 추었어요.

④ 걸려 넘어지고

걸려 넘어지고

⑤ 낭떠러지 아래

낭떠러지 아래

6 용기를 내 한 발을

떴어요.

7 반딧불이를 모아 큰

빛을

8 환히 비춰주었거든요.

⑨ 얇디얇은　비닐

얇디얇은　비닐

⑩ 얕보지　마라.

얕보지　마라.

불러 주는 문장을 잘 듣고 받아 써 보세요.

번호	받아쓰기
○	
○	
○	
○	
○	
○	
○	
○	
○	
○	
○	
○	
○	

칭찬해 주세요!	
잘했어요	최고예요

⑩ ⑨ ⑧ ⑦ ⑥ ⑤ ④ ③ ② ①

칭찬해 주세요!

잘했어요
훌륭해요
최고예요

돌려서 사용해요!

★ 3급 2단원 **말의 재미가 솔솔**

❶	국숫발같이 가늘다고
❷	이슬이 맺힐 만큼
❸	젓가락 둘
❹	가슴이 콩닥콩닥 뛰었다.
❺	아주 시원시원하네!
❻	막힌 데가 없이 활짝 트여
❼	콩깍지는 깐 콩깍지인가,
❽	내가 그린 기린 그림은
❾	속이 후련할 만큼
❿	뭘 해도 마음이 싱숭해

읽었어요!

①	②	③	④

공부한 날 _____ 월 _____ 일

❶ 국숫발같이　가늘다고

❷ 이슬이　맺힐　만큼

❸ 젓가락　둘

❹ 가슴이　콩닥콩닥　뛰었

다.

⑤ 아주 시원시원하네 !

⑥ 막힌 데가 없이 활짝

트여

⑦ 콩깍지는 깐 콩깍지인

가 ,

❽ 내가 그린 기린 그림
내가 그린 기린 그림

은
은

❾ 속이 후련할 만큼
속이 후련할 만큼

❿ 뭘 해도 마음이 싱숭
뭘 해도 마음이 싱숭

해
해

실천 Test

3급

불러 주는 문장을 잘 듣고 받아 써 보세요.

번호	받아쓰기
○	
○	
○	
○	
○	
○	
○	
○	
○	
○	
○	
○	
○	
○	

칭찬해 주세요!	
잘했어요	최고예요

27

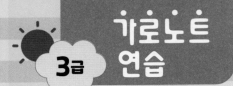

가로노트 연습

불러 주는 문장을 잘 듣고 받아 써 보세요.

① ② ③ ④ ⑤ ⑥ ⑦ ⑧ ⑨ ⑩

칭찬해 주세요!

잘했어요

훌륭해요

최고예요

돌려서 사용해요!

★ 4급 3단원 **겪은 일을 나타내요**

① 옥수수밭에 갔다.

② 튼튼한 거북선

③ 꽃이 활짝 피었다.

④ 황새가 날갯짓을 한다.

⑤ 넓은 하늘로

⑥ 올록볼록 껍데기 속에

⑦ 덩굴손이 꼬불꼬불

⑧ 보랏빛 포도야.

⑨ 입가에 밥풀처럼 붙는

⑩ 몇 달 동안 마른

읽었어요!

①	②	③	④

공부한 날 _____월 _____일

❶ 옥수수밭에 갔다.

옥수수밭에 갔다.

❷ 튼튼한 거북선

튼튼한 거북선

❸ 꽃이 활짝 피었다.

꽃이 활짝 피었다.

❹ 황새가 날갯짓을 한다.

황새가 날갯짓을 한다.

❺ 넓은 하늘로

넓은 하늘로

⑥ 올록볼록　껍데기　속에

올록볼록　껍데기　속에

⑦ 덩굴손이　꼬불꼬불

덩굴손이　꼬불꼬불

⑧ 보랏빛　포도야.

보랏빛　포도야.

⑨ 입가에　밥풀처럼　붙는

입가에　밥풀처럼　붙는

⑩ 몇　달　동안　마른

몇　달　동안　마른

미로를 따라가 공룡들의 먹이를 찾아 보세요.

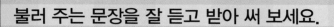

실천 Test

불러 주는 문장을 잘 듣고 받아 써 보세요.

번호	받아쓰기
○	
○	
○	
○	
○	
○	
○	
○	
○	
○	
○	
○	
○	

칭찬해 주세요!

잘했어요	최고예요

⑩ ⑨ ⑧ ⑦ ⑥ ⑤ ④ ③ ② ①

칭찬해 주세요!

잘했어요   훌륭해요   최고예요

돌려서 사용해요!

★ 5급 3단원 겪은 일을 나타내요

①	고 소 한	군 밤 을	먹 었 다 .
②	화 창 하 게	맑 은	
③	감 꽃 이	빙 글 빙 글	
④	잘 바 닥 잘 바 닥 하 다		
⑤	송 진 이	찐 득 찐 득 하 다 .	
⑥	차 곡 차 곡	담 았 습 니 다 .	
⑦	옹 달 샘 에 서	퐁 퐁	솟 아
⑧	씨 앗 은	마 치	낙 하 산
⑨	호 두 는	껍 질 이	마 르 면
⑩	헬 리 콥 터 가	나 타 났 어 요 !	

읽었어요!

| ① | ② | ③ | ④ |

공부한 날 _____월 _____일

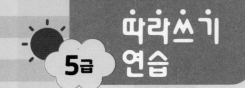
❶ 고소한 군밤을 먹었다.

고소한 군밤을 먹었다.

❷ 화창하게 맑은

화창하게 맑은

❸ 감꽃이 빙글빙글

감꽃이 빙글빙글

❹ 잘바닥잘바닥하다

잘바닥잘바닥하다

❺ 송진이 찐득찐득하다.

송진이 찐득찐득하다.

⑥ 차곡차곡 담았습니다.

⑦ 웅달샘에서 퐁퐁 솟아

⑧ 씨앗은 마치 낙하산

⑨ 호두는 껍질이 마르면

⑩ 헬리콥터가 나타났어요!

순서대로 숫자를 연결해 아기 여우를 그리고 색칠해 보세요.

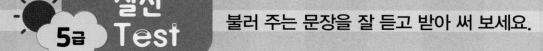

번호	받아쓰기

칭찬해 주세요!

잘했어요	최고예요

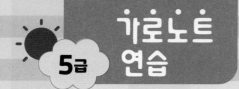

불러 주는 문장을 잘 듣고 받아 써 보세요.

⑩	⑨	⑧	⑦	⑥	⑤	④	③	②	①

칭찬해 주세요!

잘했어요	훌륭해요	최고예요

돌려서 사용해요!

★ 6급 4단원 분위기를 살려 읽어요

① 깊고 깊은 숲속에선
② 낙엽을 밟다.
③ 환경 단체들은 해안가에
④ 슬그머니 골목으로
⑤ 쓰레기를 모아 없애기도
⑥ 할 몫을 찾아
⑦ 데굴데굴 길거리에 굴려서는
⑧ 구석진 응달로 찾아가
⑨ 민들레꽃을 덮어
⑩ 해가 함빡 웃잖아.

읽었어요!

①	②	③	④

공부한 날 _____ 월 _____ 일

❶ 깊고   깊은   숲속에선

깊고   깊은   숲속에선

❷ 낙엽을   밟다.

낙엽을   밟다.

❸ 환경   단체들은   해안가

환경   단체들은   해안가

에

에

❹ 슬그머니   골목으로

슬그머니   골목으로

⑤ 쓰레기를 모아 없애기

쓰레기를 모아 없애기

도

도

⑥ 할 몫을 찾아

할 몫을 찾아

⑦ 데굴데굴 길거리에 굴

데굴데굴 길거리에 굴

려서는

려서는

⑧ 구석진　응달로　찾아가

⑨ 민들레꽃을　덮어

⑩ 해가　함빡　웃잖아.

불러 주는 문장을 잘 듣고 받아 써 보세요.

번호	받아쓰기
○	
○	
○	
○	
○	
○	
○	
○	
○	
○	
○	
○	
○	

칭찬해 주세요!

잘했어요	최고예요

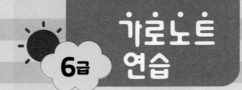

6급 가로노트 연습

불러 주는 문장을 잘 듣고 받아 써 보세요.

⑩ ⑨ ⑧ ⑦ ⑥ ⑤ ④ ③ ② ①

칭찬해 주세요!

잘했어요   훌륭해요   최고예요

돌려서 사용해요!

46

★ 7급 4단원 **분위기를 살려 읽어요**

① 입에서 절로 휘파람이
② 무척 좋아했다.
③ 이를 닦고 난 뒤에
④ 접시의 사과는 내 몫이야.
⑤ 일곱 빛 때때옷 곱게
⑥ 겨우 무릎에 닿았대.
⑦ 산꼭대기가 뾰족해 앉기가
⑧ 해거름 안에는
⑨ 그것이 바로 백록담이야.
⑩ 차림표에 음식값이 쓰여

읽었어요!

| ① | ② | ③ | ④ |

공부한 날 _____ 월 _____ 일

1. 입에서 절로 휘파람이

2. 무척 좋아했다.

3. 이를 닦고 난 뒤에

4. 접시의 사과는 내 몫

이야.

⑤ 일곱　빛　때때옷　곱게

⑥ 겨우　무릎에　닿았대.

⑦ 산꼭대기가　뾰족해　앉

기가

⑧ 해거름　안에는

⑨ 그것이 　바로 　백록담이

야．

⑩ 차림표에 　　음식값이 　　쓰

여

번호	받아쓰기
○	
○	
○	
○	
○	
○	
○	
○	
○	
○	
○	
○	
○	

칭찬해 주세요!	
잘했어요	최고예요

가로노트 연습

불러 주는 문장을 잘 듣고 받아 써 보세요.

① ② ③ ④ ⑤ ⑥ ⑦ ⑧ ⑨ ⑩

참 잘했어요!

잘했어요 훌륭해요 최고예요

돌려서 사용해요!

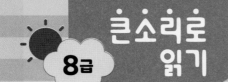

또박또박 여러 번 읽어 보세요.

★ 8급 5단원 **마음을 짐작해요**

①	형이 나 대신 혼났어.
②	시끌벅적한 소리가 들렸어요.
③	다시 해 보자고 격려해
④	페달을 힘차게 밟았다.
⑤	설레는 마음
⑥	조금 낯선 눈치였어요.
⑦	발을 맞추며 함께 걸었어요.
⑧	앞으로 달려갔어요.
⑨	넘어진 나를 네가
⑩	갯벌 체험장에 도착했다.

읽었어요!

①	②	③	④

공부한 날 _____월 _____일

❶ 형이 나 대신 혼났어.

형이 나 대신 혼났어.

❷ 시끌벅적한 소리가 들

시끌벅적한 소리가 들

렸어요.

렸어요.

❸ 다시 해 보자고 격려

다시 해 보자고 격려

해

해

❹ 페달을 힘차게 밟았다.

페달을 힘차게 밟았다.

❺ 설레는 마음

설레는 마음

❻ 조금 낯선 눈치였어요.

조금 낯선 눈치였어요.

❼ 발을 맞추며 함께 걸

발을 맞추며 함께 걸

었어요.

었어요.

❽ 앞으로　달려갔어요.

앞으로　달려갔어요.

❾ 넘어진　나를　네가

넘어진　나를　네가

❿ 갯벌　체험장에　도착했

갯벌　체험장에　도착했

다.

다.

불러 주는 문장을 잘 듣고 받아 써 보세요.

번호	받아쓰기
○	
○	
○	
○	
○	
○	
○	
○	
○	
○	
○	
○	
○	

칭찬해 주세요!

잘했어요	최고예요

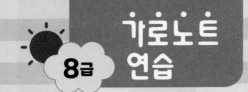

가로노트 연습

불러 주는 문장을 잘 듣고 받아 써 보세요.

⑩	⑨	⑧	⑦	⑥	⑤	④	③	②	①

칭찬해 주세요!

잘했어요	훌륭해요	최고예요

 돌려서 사용해요!

큰소리로 읽기

또박또박 여러 번 읽어 보세요.

★ 9급 5단원 **마음을 짐작해요**

1. 학용품이 반듯이 놓여 있다.
2. 꽃향기를 맡습니다.
3. 삶은 밤을 까먹기 시작
4. 눈이 휘둥그레져서
5. 입을 비쭉비쭉하다.
6. 폴짝폴짝 뛰었다.
7. 두부 한 모를 사오라고
8. 뜨거운 음식은 식혀서 조심
9. 나눠 주는 게 기뻐요.
10. 어린싹이 쏙쏙 올라와요.

읽었어요!

| ① | ② | ③ | ④ |

공부한 날 _____월 _____일

59

❶ 학 용 품 이   반 듯 이   놓 여

학 용 품 이   반 듯 이   놓 여

있 다 .

있 다 .

❷ 꽃 향 기 를   맡 습 니 다 .

꽃 향 기 를   맡 습 니 다 .

❸ 삶 은   밤 을   까 먹 기   시

삶 은   밤 을   까 먹 기   시

작

작

④ 눈이 휘둥그레져서

눈이 휘둥그레져서

⑤ 입을 비쭉비쭉하다.

입을 비쭉비쭉하다.

⑥ 폴짝폴짝 뛰었다.

폴짝폴짝 뛰었다.

⑦ 두부 한 모를 사오라

두부 한 모를 사오라

고

고

⑧ 뜨거운 음식은 식혀서

조심

⑨ 나눠 주는 게 기뻐요.

⑩ 어린싹이 쏙쏙 올라와

요.

불러 주는 문장을 잘 듣고 받아 써 보세요.

번호	받아쓰기

칭찬해 주세요!	
잘했어요	최고예요

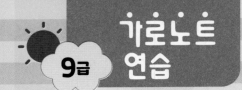
불러 주는 문장을 잘 듣고 받아 써 보세요.

⑩	⑨	⑧	⑦	⑥	⑤	④	③	②	①

칭찬해 주세요!

잘했어요	훌륭해요	최고예요

돌려서 사용해요!

★ 10급 6단원 **자신의 생각을 표현해요**

1. 줄넘기는 양손으로
2. 나무뿌리는 땅속에서
3. 거센 바람에도 쉽게
4. 친척들을 만나면
5. 다람쥐와 예쁜 꽃
6. 지구의 친구를 초대
7. 고개를 끄덕였습니다.
8. 별나라에서는 신기한
9. 우애가 깊은 형제
10. 아우는 갑자기 금덩이

읽었어요!

| ① | ② | ③ | ④ |

공부한 날 _____월 _____일

① 줄 넘 기 는   양 손 으 로
줄 넘 기 는   양 손 으 로

② 나 무 뿌 리 는   땅 속 에 서
나 무 뿌 리 는   땅 속 에 서

③ 거 센   바 람 에 도   쉽 게
거 센   바 람 에 도   쉽 게

④ 친 척 들 을   만 나 면
친 척 들 을   만 나 면

⑤ 다 람 쥐 와   예 쁜   꽃
다 람 쥐 와   예 쁜   꽃

6️⃣ 지구의 친구를 초대

7️⃣ 고개를 끄덕였습니다.

8️⃣ 별나라에서는 신기한

9️⃣ 우애가 깊은 형제

🔟 아우는 갑자기 금덩이

친구 고양이에게 선물을 줄 수 있게 길을 찾아보세요.

68

불러 주는 문장을 잘 듣고 받아 써 보세요.

번호	받아쓰기
○	
○	
○	
○	
○	
○	
○	
○	
○	
○	
○	
○	
○	

칭찬해 주세요!	
잘했어요	최고예요

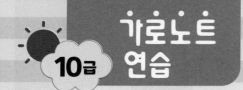

가로노트 연습

불러 주는 문장을 잘 듣고 받아 써 보세요.

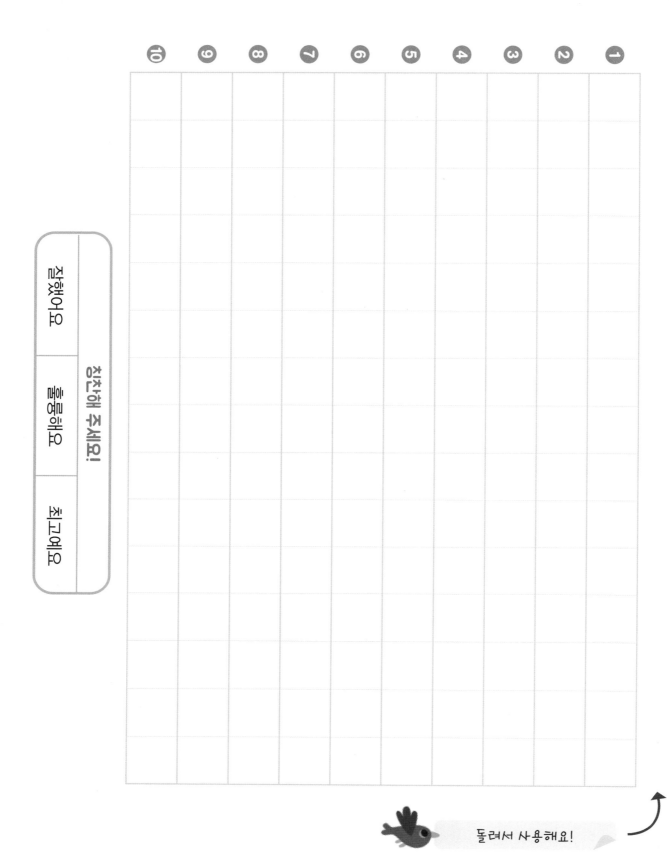

참 잘했어요!

잘했어요 | 훌륭해요 | 최고예요

돌려서 사용해요!

70

★ 11급 6단원 **자신의 생각을 표현해요**

1. 강물 속으로 휙 던져
2. 욕심이 나서 버렸습니다.
3. 까치밥이 몇 개 남아
4. 사는 방식에 따라서
5. 차츰차츰 생김새도
6. 문고리를 따고 문짝을
7. 꺾지를 않나, 베어 버리지를
8. 궤짝 속에 갇힌
9. 곡식을 쪼아 먹어서 부리가
10. 은혜를 어떻게 갚아야

읽었어요!

| ① | ② | ③ | ④ |

공부한 날 _____월 _____일

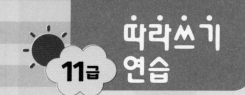

바른 자세로 하나하나 따라 써 보세요.

❶ 강 물　속 으 로　획　던 져

❷ 욕 심 이　나 서　버 렸 습 니

다 .

❸ 까 치 밥 이　몇　개　남 아

❹ 사 는　방 식 에　따 라 서

72

❺ 차츰차츰 생김새도

차츰차츰 생김새도

❻ 문고리를 따고 문짝을

문고리를 따고 문짝을

❼ 꺾지를 않나, 베어 버

꺾지를 않나, 베어 버

리지를

리지를

❽ 궤짝 속에 갇힌

궤짝 속에 갇힌

⑨ 곡식을 쪼아 먹어서

곡식을 쪼아 먹어서

부리가

부리가

⑩ 은혜를 어떻게 갚아야

은혜를 어떻게 갚아야

불러 주는 문장을 잘 듣고 받아 써 보세요.

번호	받아쓰기
○	
○	
○	
○	
○	
○	
○	
○	
○	
○	
○	
○	
○	

칭찬해 주세요!	
잘했어요	최고예요

불러 주는 문장을 잘 듣고 받아 써 보세요.

⑩	⑨	⑧	⑦	⑥	⑤	④	③	②	①

칭찬해 주세요!

잘했어요	훌륭해요	최고예요

돌려서 사용해요!

★ 12급 7단원 마음을 담아서 말해요

1. 힘내! 잘할 수 있어.
2. 앞을 잘 보고 다녀야지.
3. 괜찮을까?
4. 밝은 햇살이 비쳐
5. 천둥소리가 요란하게 울려
6. 며칠 동안이나 그치지 않고
7. 험상궂게 생긴 데다가
8. 메기는 쉰 목소리로
9. 물살을 일으켜 물장군들을
10. 모두 쫓아 버렸습니다.

읽었어요!

①	②	③	④

공부한 날 _____월 _____일

① 힘 내 ! 잘 할 수 있 어 .

② 앞 을 잘 보 고 다 녀 야

지 .

③ 괜 찮 을 까 ?

④ 밝 은 햇 살 이 비 쳐

⑤ 천둥소리가　요란하게

천둥소리가　요란하게

울려

울려

⑥ 며칠　동안이나　그치지

며칠　동안이나　그치지

않고

않고

⑦ 험상궂게　생긴　데다가

험상궂게　생긴　데다가

⑧ 메기는 쉰 목소리로

⑨ 물살을 일으켜 물장군

들을

⑩ 모두 쫓아 버렸습니다.

실천
Test

12급

불러 주는 문장을 잘 듣고 받아 써 보세요.

번호	받아쓰기
○	
○	
○	
○	
○	
○	
○	
○	
○	
○	
○	
○	
○	

칭찬해 주세요!	
잘했어요	최고예요

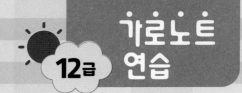

가로노트 연습 12급

불러 주는 문장을 잘 듣고 받아 써 보세요.

	⑩	⑨	⑧	⑦	⑥	⑤	④	③	②	①

칭찬해 주세요!

잘했어요 / 훌륭해요 / 최고예요

돌려서 사용해요!

★ 13급 7단원 **마음을 담아서 말해요**

1. 작은 빛이 잠깐 잇따라
2. 빌려준 연필
3. 도와주시는 분들께 감사한
4. 네가 자랑스러워.
5. 금메달을 땄다.
6. 열대어 기르기와 관련
7. 물속 환경이 만들어지면
8. 어항 속의 물
9. 유기견 돌봄 봉사 활동
10. 돈을 맡아 안전하게 보관

읽었어요!			
①	②	③	④

공부한 날 _____ 월 _____ 일

바른 자세로 하나하나 따라 써 보세요.

① 작은 빛이 잠깐 잇따

　작은　　빛이　　잠깐　　잇따

라

　라

② 빌려준 연필

　빌려준　　연필

③ 도와주시는 분들께 감

　도와주시는　　분들께　　감

사한

　사한

❹ 네가 자랑스러워.

네가 자랑스러워.

❺ 금메달을 땄다.

금메달을 땄다.

❻ 열대어 기르기와 관련

열대어 기르기와 관련

❼ 물속 환경이 만들어지

물속 환경이 만들어지

면

면

❽ 어항 속의 물

어항 속의 물

❾ 유기견 돌봄 봉사 활

유기견 돌봄 봉사 활

동

동

❿ 돈을 맡아 안전하게

돈을 맡아 안전하게

보관

보관

번호	받아쓰기
○	
○	
○	
○	
○	
○	
○	
○	
○	
○	
○	
○	
○	

칭찬해 주세요!

잘했어요	최고예요

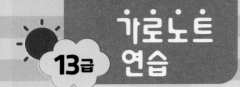

⑩	⑨	⑧	⑦	⑥	⑤	④	③	②	①

칭찬해 주세요!

잘했어요	훌륭해요	최고예요

돌려서 사용해요!

⭐ 14급 8단원 **다양한 작품을 감상해요**

① 팔짱 낀 두 사람
② 자라를 따라 용궁으로
③ 신발 끈도 못 묶고
④ 나란히 앉아 있었어요.
⑤ 편지를 한 번도
⑥ 입을 슬쩍 벌릴 듯하면서
⑦ 우편함에 넣어 주렴.
⑧ 친한 달팽이를 만났지요.
⑨ 나흘 뒤에야
⑩ 굵고 튼튼하게 꼰 줄.

읽었어요!

①	②	③	④

공부한 날 _____ 월 _____ 일

바른 자세로 하나하나 따라 써 보세요.

① 팔짱 낀 두 사람

팔짱 낀 두 사람

② 자라를 따라 용궁으로

자라를 따라 용궁으로

③ 신발 끈도 못 묶고

신발 끈도 못 묶고

④ 나란히 앉아 있었어요.

나란히 앉아 있었어요.

⑤ 편지를 한 번도

편지를 한 번도

❻ 입을 슬쩍 벌릴 듯하

면서

❼ 우편함에 넣어 주렴.

❽ 친한 달팽이를 만났지

요.

⑨ 나흘 뒤에야
나흘 뒤에야

⑩ 굵고 튼튼하게 꼰 줄.
굵고 튼튼하게 꼰 줄.

불러 주는 문장을 잘 듣고 받아 써 보세요.

번호	받아쓰기
○	
○	
○	
○	
○	
○	
○	
○	
○	
○	
○	
○	
○	
○	

칭찬해 주세요!	
잘했어요	최고예요

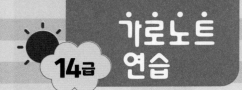

14급 가로노트 연습

불러 주는 문장을 잘 듣고 받아 써 보세요.

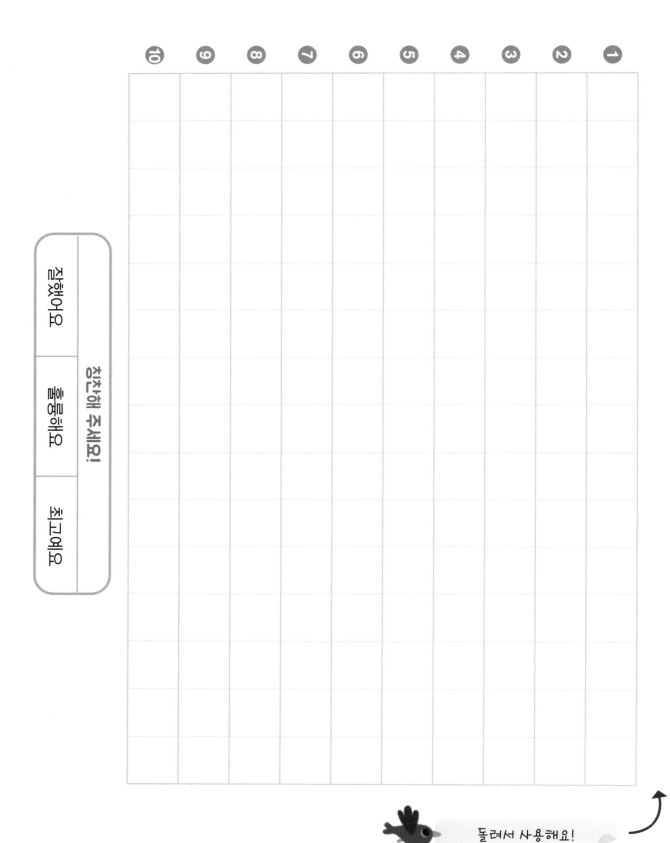

칭찬해 주세요!

| 잘했어요 | 훌륭해요 | 최고예요 |

돌려서 사용해요!

★ 15급 8단원 다양한 작품을 감상해요

① 잠시 머물거나 떠도는
② 이 밧줄을 좀 풀어 줘.
③ 소리 질러 봐야 소용없어!
④ 느낌은 짧게 말할수록 좋아.
⑤ 정말 신기하다.
⑥ 솜사탕처럼 입에서 살살
⑦ 목소리가 너무 굵은걸.
⑧ 웅덩이에서 헤엄치고
⑨ 근처 연못에 옮겨
⑩ 냄비 안에 흰밥이 가득하다.

읽었어요!

①	②	③	④

공부한 날 _____월 _____일

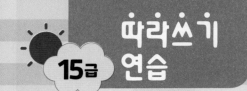

바른 자세로 하나하나 따라 써 보세요.

❶ 잠 시　　머 물 거 나　　떠 도 는

❷ 이　　밧 줄 을　　좀　　풀 어

쥐 .

❸ 소 리　　질 러　　봐 야　　소 용

없 어 !

96

❹ 느낌은 짧게 말할수록

좋아 .

❺ 정말 신기하다 .

❻ 솜사탕처럼 입에서 살

살

❼ 목소리가　너무　굵은걸 .

목소리가　너무　굵은걸 .

❽ 웅덩이에서　헤엄치고

웅덩이에서　헤엄치고

❾ 근처　연못에　옮겨

근처　연못에　옮겨

❿ 냄비　안에　흰밥이　가

냄비　안에　흰밥이　가

득하다 .

득하다 .

 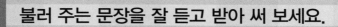

실천 Test

15급

불러 주는 문장을 잘 듣고 받아 써 보세요.

번호	받아쓰기
○	
○	
○	
○	
○	
○	
○	
○	
○	
○	
○	
○	
○	

칭찬해 주세요!	
잘했어요	최고예요

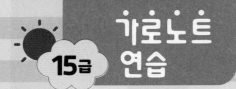

불러 주는 문장을 잘 듣고 받아 써 보세요.

⑩	⑨	⑧	⑦	⑥	⑤	④	③	②	①

칭찬해 주세요!

잘했어요	훌륭해요	최고예요

돌려서 사용해요!